# HOMMAGE

D'UN

## MONUMENT EN BRONZE

PRÉSENTÉ A M. ALFRED MAME

PAR LES OUVRIERS ET EMPLOYÉS DE SON ÉTABLISSEMENT

LE 15 FÉVRIER 1853

# BANQUET

OFFERT

## PAR M. ALFRED MAME

AUX OUVRIERS ET EMPLOYÉS DE SA MAISON

LE 28 MARS 1853

# HOMMAGE

D'UN

## MONUMENT EN BRONZE

PRÉSENTÉ A M. ALFRED MAME

PAR LES OUVRIERS ET EMPLOYÉS DE SON ÉTABLISSEMENT

LE 13 FÉVRIER 1853

# BANQUET

OFFERT

## PAR M. ALFRED MAME

AUX OUVRIERS ET EMPLOYÉS DE SA MAISON

LE 28 MARS 1853

TOURS

IMPRIMERIE A<sup>d</sup> MAME ET C<sup>ie</sup>

M DCCC LIII

# HOMMAGE

D'UN

# MONUMENT EN BRONZE

PRÉSENTÉ A M. ALFRED MAME

———◦◦◦◦◦———

Au commencement de 1852, M. Alfred Mame, pressentant l'accroissement qui devait se produire dans ses opérations de librairie, principalement quant aux livres liturgiques, dont il n'avait jusque-là entrepris la fabrication que d'une manière très-restreinte, prit la résolution hardie de couvrir de constructions nouvelles, destinées à agrandir les magasins de librairie et à créer de vastes ateliers de reliure, un terrain attenant à sa maison, lequel s'étendait jusqu'à la rue de la Guerche. Dans le cours de la même année, un bâtiment aux proportions grandioses et à l'aspect monumental, sur les plans et sous la direction de M. Octave Chauveau, s'éleva à l'extrémité et en retour d'équerre des constructions qui déjà en 1845 avaient apporté un agrandissement notable à l'établissement primitif de la rue de l'Ancienne-Intendance.

Les ouvriers des différents ateliers de la maison Mame, en voyant leur patron se jeter sans hésitation dans une entreprise qui n'avait pour mobile ni une nécessité personnelle ni une ambition non satisfaite, en comprirent le véritable motif et les conséquences certaines, qui étaient une augmentation dans la somme du travail, c'est-à-dire d'abord une assurance plus complète pour eux-mêmes et ensuite l'admission de nouveaux travailleurs.

Jaloux d'exprimer à M. Alfred Mame par un témoignage durable la reconnaissance que leur inspiraient cet acte de dévouement et le courage avec lequel il affrontait un surcroît considérable de dépenses et de fatigues, ils décidèrent, avec le concours des chefs et employés des divers services de l'établissement, qu'un monument en bronze lui serait offert pour perpétuer dans sa famille le souvenir des impressions qu'avait produites en eux cette nouvelle et importante création d'ateliers.

Le dimanche 13 février 1853, ce monument, modelé et fondu spécialement pour sa destination, représentant les attributs divers de la maison Mame et surmonté de la statuette symbolique de Gutenberg, le père de la typographie, fut présenté à M. Mame par l'assemblée générale des souscripteurs, réunis dans une galerie des nouveaux bâtiments.

M. Alfred Mame, assisté de M. Paul Mame, son fils, ayant été introduit par les commissaires chargés de la présentation du monument, M. Paulin Preignon, président de la Commission, lui adressa la parole en ces termes :

« Monsieur,

« Grâce à la position que vous avez bien voulu me faire dans votre maison, et aussi par droit d'ancienneté, je me vois de nouveau choisi pour être auprès de vous l'interprète des sentiments de tous les employés et ouvriers de votre établissement typographique et de reliure. Je voudrais pouvoir être digne de ce choix par l'habitude de la parole, et ne point affaiblir par mes expressions la vivacité des sentiments et l'ardeur des vœux que votre conduite pleine de générosité et de bienveillance a mis aux cœurs des personnes ici présentes; mais si d'un côté la bonté, la bienfaisance ont été grandes, de l'autre la reconnaissance ne l'est pas moins, et pour en parler convenablement je sens toute mon insuffisance. Je compte donc sur votre indulgence à tous, persuadé que la bonne volonté me tiendra lieu de mérite, et que le langage du cœur sera toujours assez éloquent pour se faire accepter.

« Il y a sept ans déjà, je vous disais, Monsieur, sous la dictée d'un autre plus exercé sans doute, à la vue des améliorations de tout genre que vous veniez d'exécuter dans votre établissement : « Rien ne vous a coûté, rien n'a été négligé
« par vous, Monsieur, pour donner aux bonnes doctrines l'ex-
« pansion la plus vive, la plus irrésistible, la plus conquérante
« qui fut jamais, et pour obtenir le premier rang parmi les
« typographes amis des lumières et des hommes. Sans doute
« vos fatigues ont été grandes, les dépenses considérables ;
« mais le succès est assuré à votre œuvre : vous triompherez.
« La concurrence ne commande si impérieusement qu'à ceux
« qu'elle favorise. »

« Ce regard jeté dans l'avenir était comme une vue heureuse de vos futurs succès. Déjà Londres et Paris, ces deux reines de l'industrie et des beaux-arts, ont été les témoins de vos triomphes, et une expérience journalière nous donne l'assurance que l'avenir vous appartient.

« Ces paroles, d'ailleurs, trouveraient encore aujourd'hui leur application. Qui ne voudra admirer ces vastes et splendides ateliers de reliure qui sous votre inspiration viennent de s'élever comme par enchantement? C'est de là que sortiront bientôt, avec plus de perfection encore, ces millions de volumes si remarquables de bon goût, si purs de dessin, si riches de reliure et d'ornement, que tout le monde recherche avec raison et qu'on essaie d'imiter partout. Ce sont là sans doute des témoignages irrécusables de votre amour éclairé du bon et du beau typographique, en même temps qu'ils sont pour vous, Monsieur, des titres nouveaux à la reconnaissance de vos ouvriers.

« Je n'en parlerai point cependant. Je trouve dans votre bienveillance naturelle, dans la bonté de votre cœur, de plus dignes sujets d'éloges. Ne vous êtes-vous pas complu dans la création de cette admirable Société de Secours mutuels qui présente à l'ouvrier laborieux et honnête tant de garanties pour sa prospérité future! Aucun sacrifice ne vous a coûté pour atteindre ce but; et non-seulement vous l'avez atteint, mais vous avez voulu encore verser annuellement à la Caisse des Retraites, en faveur de vos vieux serviteurs, une somme proportionnelle à l'ancienneté de leurs services, et leur assurer ainsi de précieuses et indispensables ressources pour le temps où l'âge et les infirmités rendent le travail peu productif, sinon impossible.

« Voilà, Monsieur, ce dont nous nous plaisons à vous louer; voilà ce qui méritera à jamais la reconnaissance de tous vos employés, et vous distinguera des typographes qu'excite le lucre bien plus que la philanthropie et l'amour de leur art.

« Mais je m'arrête, car je m'aperçois que vous aimez bien plus mériter que recevoir de vains compliments; c'est au fond de votre cœur que se trouve la plus douce, la plus noble récompense de votre conduite bienveillante et généreuse.

« Il est toutefois une remarque que tous nous avons faite, et que je me permets d'exprimer. Si, pour vous maintenir au premier rang, de nouvelles luttes vous attendent; si la concurrence grandit et tente de plus grands efforts, vos succès, nous en avons la ferme conviction, n'en seront que plus éclatants; et lors même que le passé ne nous serait pas un sûr garant de l'avenir, vous nous avez donné, Monsieur, dans votre fils, un gage précieux sur lequel nous comptons pour continuer et développer de plus en plus votre œuvre civilisatrice et les belles qualités qui vous distinguent. M. Paul, dis-je, est au milieu de nous, où, par son aménité et son admirable conduite, il sert déjà de modèle. Il se familiarise avec les difficultés de la composition. Bientôt imprimeur, puis employé à la librairie, il prendra une rude part de votre labeur, et alors, comme vous aujourd'hui, Monsieur, il trouvera dans notre reconnaissance et nos vœux sympathiques une douce récompense de ses peines et de ses fatigues. Tel est notre espoir et notre vœu le plus ardent.

« C'est ainsi, par vos efforts combinés, que vous vaincrez toute rivalité, que le bien général triomphera de l'intérêt privé, et que l'ouvrier apprendra à ne plus voir dans son patron un maître dur et inexorable, mais un père toujours disposé à lui venir en aide, toujours porté à lui faire du bien, tant qu'il saura s'en montrer digne.

« Certain que tels sont vos sentiments, Monsieur, et ceux de tous vos employés et ouvriers, permettez-moi de vous prier d'agréer ce bronze qu'ils vous offrent comme un monument durable de leur affection pour vous. Il représente Gutenberg, le père de la typographie. Comme inventeur, son nom sera à jamais immortel; et le vôtre aussi passera à la postérité, car vous avez su étendre l'imprimerie, et d'une invention qui semblait ne devoir favoriser dans son origine que certaines classes fortunées de la société, vous avez fait un moyen de civilisation et d'amélioration pour toutes les intelligences créées, en mettant à la portée de chacun les livres qui instruisent des devoirs de la religion, des obligations des bons citoyens envers leur patrie, et des mesures à garder dans ce qu'on appelle le progrès indéfini de l'humanité, qui est le rapport bienveillant des hommes entre eux et leur ennoblissement particulier. »

M. Alfred Mame a fait la réponse suivante :

« Messieurs,

« Je suis trop ému pour pouvoir vous exprimer comme je le voudrais tous mes remerciements pour le précieux cadeau que vous venez de me faire.

« Le goût exquis qui a présidé à l'exécution de ce charmant objet d'art; votre réserve, votre discrétion, qui ont été telles, que jusqu'au dernier moment tout a été surprise pour moi ; enfin, les excellentes paroles que votre digne prote vient de m'adresser en votre nom, tout ici témoigne du désir que vous avez eu de me causer une grande joie. Vous avez complétement réussi, Messieurs, et cette matinée me fait oublier bien des journées de tourments et de fatigues.

« Croyez bien que de mon côté je vous suis sincèrement et cordialement attaché. Soyez bien persuadés qu'en donnant à ma maison un grand développement, en employant toutes mes ressources, tous mes bénéfices à la construction de nouveaux ateliers, en me livrant enfin à un travail ardent et opiniâtre, quelquefois au-dessus de mes forces, je n'avais qu'un désir, je n'ai qu'un but, celui de réunir autour de moi un plus grand nombre de travailleurs, d'améliorer sans cesse les conditions de votre tâche et d'assurer le bonheur et l'aisance de vos familles.

« Tous mes vœux seront remplis si je parviens à atteindre ce but et si vous reportez un jour sur votre futur patron, sur mon fils unique et bien-aimé, une part de cette sympathie dont le témoignage me rend aujourd'hui si fier et si heureux. »

# BANQUET

OFFERT

## PAR M. ALFRED MAME

M. Alfred Mame avait annoncé l'intention d'offrir un banquet à ses ouvriers et employés pour l'inauguration des nouveaux ateliers de reliure. C'est le 28 mars 1853, lundi de Pâques, qu'eut lieu cette réunion de famille, à laquelle furent conviés les chefs et ouvriers des ateliers d'imprimerie et de reliure, les employés de la librairie, les maîtres relieurs occupés pour la maison, quelques artistes et autres personnes qui à différents titres se trouvent avec elle en rapports permanents.

Par une pensée aussi libérale que délicate, M. Mame voulut donner à cette fête tout l'éclat possible. Décoration générale en fleurs et en feuillage, éclairage resplendissant, musique, luxe de table, rien ne fut épargné à ses hôtes, émus autant qu'émerveillés de cette réception magnifique. Aussi le souvenir en restera-t-il à jamais gravé dans l'esprit et dans le cœur des assistants.

Nous ne saurions mieux faire, du reste, que d'emprunter la relation qui en a été publiée par M. LADEVÈZE, dans le *Journal d'Indre-et-Loire*, dont il est à la fois le rédacteur en chef et l'imprimeur.

## FÊTE DE L'IMPRIMERIE MAME.

En annonçant, il y a quelques semaines, que les employés et ouvriers de l'imprimerie de M. Alfred Mame avaient offert à leur patron une fort belle statuette de bronze représentant Gutenberg, l'inventeur de l'imprimerie, nous ajoutions que prochainement sans doute nous aurions à enregistrer les détails d'une nouvelle fête de famille. Nous faisions allusion à celle que M. Mame se proposait, nous le savions, de donner à toutes les personnes de sa maison.

Cette fête a eu lieu avant-hier. Avant de dire ce qu'elle a été, nous devons parler des circonstances qui ont amené la manifestation dont M. Mame avait été l'objet.

L'imprimerie de M. Mame est incontestablement, on le sait, de tous les établissements de ce genre qui existent, le plus vaste, le plus magnifique, le plus important au point de vue du chiffre des affaires. Pour en donner une idée, nous dirons qu'en ce moment il occupe vingt presses mécaniques fonctionnant continuellement au moyen d'une machine à vapeur; que le nombre des ouvriers de tout genre auxquels il donne du travail s'élève, pour notre ville seule, à plus de douze cents; que chaque jour il consomme plus de trois cents rames ou cent cinquante mille feuilles de papier, et produit au moins quinze mille volumes. On n'a pas d'exemple ailleurs, nous ne craignons pas de le dire, d'une pareille production. Ce chiffre paraîtra d'autant plus étonnant, que le travail des presses de M. Mame est d'une rare perfection.

Mais, jusqu'à présent, de l'imprimerie de M. Mame il n'était sorti que des feuilles imprimées, et ses publications, restreintes à des ouvrages qui sont sa propriété, ne s'appliquaient qu'à des livres d'éducation et de piété. En ajoutant à ses travaux une immense entreprise, celle de l'impression des livres de liturgie, M. Mame s'est vu dans la nécessité d'y joindre un atelier de reliure. Nous disons qu'il s'est trouvé dans la nécessité de le faire. Il est évident, en effet, que, quelque bien organisés que soient les ateliers existants dans notre ville, ils devaient être insuffisants pour le surcroît de travail qui allait leur être demandé. Et la preuve, c'est que M. Mame s'est engagé à faire avec les ateliers aujourd'hui existants le même chiffre d'affaires que par le passé.

Mais les bâtiments actuels n'étaient point assez vastes pour l'œuvre qui allait être entreprise, et il fallut songer à leur adjoindre de nouvelles constructions. Sous l'habile et active direction de M. Octave Chauveau, architecte, on vit donc s'élever dans l'espace de moins d'une année, une énorme construction, véritable monument de l'industrie, présentant sur trois étages, sans compter le rez-de-chaussée, une étendue de 56 mètres de longueur sur 18 de large, et pouvant permettre à quinze cents ouvriers de travailler à l'aise dans les meilleures conditions d'hygiène et de salubrité. A ceux qui connaissent notre ville il nous suffira de dire, pour leur indiquer l'étendue de cet édifice gigantesque, qu'il s'étend depuis la rue de la Guerche jusqu'à l'alignement des bains de l'Oratoire.

C'est ce bâtiment, occupé dès le lendemain même par le nouvel atelier de reliure de M. Mame, qui était inauguré avant-hier. C'est dans la salle du premier étage qu'avait lieu le banquet dont nous allons faire le récit.

Qu'on se représente une salle de cent soixante pieds sur cinquante-quatre, soutenue et ornée dans le sens de sa longueur par vingt-deux élégantes colonnes de bronze sur deux rangs, dont chacune, reliée à celle qui la précédait et à celle qui la suivait par une double guirlande de lauriers et de globes de lampe en verre dépoli, se rattachait à celles du rang opposé par deux guirlandes de feuillages et de globes aboutissant à un lustre éclairé au gaz, surmonté d'une pyramide de verres de couleur et de lampes vénitiennes. Qu'on se représente ces quadrilles, pour ainsi dire, de lumière se répétant dans toute l'étendue de ce vaste local ; et qu'on se figure, au-dessous de cet éclairage vraiment merveilleux, une table richement ornée et splendidement servie, entourée de près de deux cents convives à l'air heureux, au visage rayonnant de gaieté et de bonheur, et l'on aura une idée, idée cependant très-incomplète, de ce beau banquet auquel chefs et ouvriers étaient assis et confondus, de ce banquet où l'ordre le plus parfait, le respect le plus admirable de toutes les convenances, la cordialité la plus affectueuse, n'ont cessé de présider. Ajoutons que pendant tout le repas la musique harmonieuse du 1er chasseurs n'a cessé de se faire entendre, et l'on demeurera convaincu que M. Mame n'avait rien négligé pour faire de cette réunion de famille une fête qui restera longtemps dans le souvenir de tous ceux qui ont eu le bonheur d'y assister.

Au dessert, divers toasts ont été portés ; nous allons les reproduire textuellement ; ils ont tous été chaleureusement applaudis.

Le premier toast a été porté par M. PAULIN PREIGNON, prote de l'imprimerie, qui s'est exprimé en ces termes au nom de la Typographie :

« A Monsieur Alfred Mame !

« A notre généreux et excellent patron !

« Au digne et vénéré bienfaiteur qui ouvre si largement son cœur et tend si cordialement la main à sa nombreuse famille typographique et de reliure !

« Honneur à la vraie philanthropie que nous avons le bonheur de rencontrer dans les sentiments de M. Alfred Mame !

« Au bien qu'il ne cesse de répandre au sein de tout ce qui l'entoure !

« A son amour constant et du bon et du beau !

« Puisse l'immense développement que M. Alfred Mame s'efforce de donner à une industrie justement appelée la reine du progrès et des arts, être couronné d'un plein et heureux succès !

« Puisse notre unanime concours être le fruit durable du dévouement et de la reconnaissance inscrits sur le bronze modèle que nous lui avons offert avec tant d'enthousiasme !

« Puissent notre zèle et nos efforts lui servir d'égide invulnérable contre les tentatives de toute rivalité !

« Que toutes nos sympathies lui soient à jamais acquises !

« Que les poitrines se dilatent ; que les cœurs battent à l'unisson, et qu'un sublime élan lui porte pour toast ce noble cri de joie :

« Honneur à Monsieur Alfred Mame !

« Honneur, honneur à l'homme de bien ! à notre bien-aimé et digne patron !!

« Vive, vive à jamais Monsieur Alfred Mame !!!... »

M. Louis, ouvrier doreur, au nom de la Reliure, a pris ensuite la parole :

« Au nom des Ouvriers Relieurs conviés à cette réunion, j'adresserai à M. Mame, notre honorable patron, ce toast :

*Dévouement et obéissance.*

« Dévouement, pour le bien fait à une grande partie de nous ; obéissance, parce qu'il a été pour nous un chef juste, et que nous aimons à lui obéir.

« Permettez-moi d'ajouter quelques mots :

« Le voici enfin, ce jour tant désiré où pour la première

fois nous exprimons nos sentiments. Je me sens saisi de crainte et d'admiration à la vue d'un si grand nombre d'ouvriers dans cette enceinte, tous animés de reconnaissance envers un seul homme; car cette union pour le remercier de ses œuvres est sublime : elle doit lui sourire comme une digne récompense, et nous espérons qu'elle lui sera agréable. Puisse cette union bien faire comprendre que la mémoire du cœur ne meurt jamais, que l'ouvrier se souvient, et que nous sommes tous unanimes pour répéter :

« Honneur à celui qui, dans une circonstance assez récente, nous a tendu une main paternelle, nous a préservés du chômage, nous a encouragés, et aujourd'hui nous rend un immense service en nous ouvrant une voie de bien-être pour l'avenir !

« Grâce à sa bienveillante sollicitude, à ses lumières, à ses heureuses inspirations, bientôt la reliure, qui jusqu'à ce jour n'avait été qu'ébauchée, pour ainsi dire, va se développer sous ses nouveaux chefs d'une manière complète et grandiose; oui, la reliure, restée jusqu'ici dans l'enfance, sera sans bornes : car, enchaînée depuis son commencement par quelques mains inhabiles et routinières, elle était peu féconde et ne tenait pas parmi les arts le rang que nos chefs vont lui assigner. Puissent un jour la reliure et la typographie, unies comme deux sœurs dans leurs efforts persévérants, marcher dans leurs forces jusqu'aux limites inconnues, jusqu'aux confins du monde civilisé ! ce ne sera pas seulement dans cette cité, mais partout, qu'un long cri de reconnaissance s'élèvera pour féliciter nos généreux patrons.

« Nous désirons, et nous en avons l'heureux présage, que M. Paul Mame, continuateur d'une œuvre aussi religieuse qu'humanitaire, imite à jamais la noble conduite de son honorable père. Ayons aussi, mes amis, le même dévouement, la même reconnaissance; qu'il puisse se dire un jour cette douce parole :

« On ne m'obéit pas par la crainte, je suis aimé comme mon père.

« Honneur et longue vie à toute cette grande famille ! »

M. BLANDIN, voyageur, a parlé ensuite comme organe de la Librairie :

« MESSIEURS,

« Faible interprète des sentiments de mes collègues de la librairie, des représentants de cette maison, qui, moins heureux que moi, ne peuvent assister à une réunion si touchante, je viens, sûr de vos sympathies, vous proposer un toast à M. Alfred Mame.

« Buvons, Messieurs, à l'industriel qui par son intelligente activité a fait briller au premier rang la librairie de province et a créé cet établissement, devenu un objet d'envie pour l'étranger et une gloire nouvelle pour la France !

« A l'homme bienfaisant dont les mains généreuses ont adouci tant de souffrances, et qui a su mériter l'estime d'une cité entière !

« Au patron bienveillant qui, en nous traitant selon son cœur, vient transformer la tâche que chacun doit remplir en une dette sacrée de reconnaissance !

« Messieurs, buvons tous; buvons à Monsieur Mame ! »

M. ALFRED MAME a répondu ainsi qu'il suit à ces toasts :

« MESSIEURS,

« Je suis vivement ému des bonnes et touchantes paroles qui viennent de m'être adressées, et confus de vos éloges.

« Vous savez que je cherche avant tout dans votre estime et votre sympathie la récompense de mon travail et de mes fatigues; aussi est-ce pour moi un grand bonheur que de me trouver aujourd'hui au milieu de vous tous et d'inaugurer ces nouveaux ateliers par une fête de famille.

« Dès demain, les outils et les machines remplaceront les ornements de ce banquet. — Dès demain, Messieurs les relieurs, vous les nouveaux hôtes de cette usine, vous en prendrez possession, et vous ferez désormais partie de notre grande famille typographique.

« Soyez les bienvenus, Messieurs, car, depuis deux ans déjà, dans votre atelier provisoire, sous la direction de l'homme de cœur qui est à votre tête, vous m'avez donné, par votre conduite, votre zèle, votre assiduité, des gages nombreux du désir que vous avez de vivre longtemps parmi nous et de conquérir l'avenir heureux qui est assuré dans cette maison à tout ouvrier qui aime le travail.

« Le travail ! que ce mot ne vous effraie pas, Messieurs, et ne trouble pas la gaieté de cette fête.

« Le travail ! nous lui devons tous une des plus grandes jouissances que l'homme puisse trouver ici-bas, celle qui résulte de l'accomplissement d'un devoir et d'une vie bien remplie.

« Vous lui devrez, Messieurs, le contentement de l'âme, le bonheur de la famille, l'aisance pour vos vieux jours. — Quant à moi, Messieurs, je lui dois tout !

« Il y a cinquante ans que mon père, ce travailleur ardent et infatigable dont la mémoire vénérée est restée chère à plusieurs d'entre vous, fondait, avec deux presses et deux ouvriers, un établissement qui occupe aujourd'hui à Tours 1,200 travailleurs et 20 machines !

« Ceux de vous, vieux et fidèles compagnons de nos travaux, qui ont assisté et concouru à cet immense et rapide développement, vous diront qu'il fut dû tout entier au travail et à l'impulsion énergique donnée par mon père et continuée par moi, heureusement secondé pendant plusieurs années par votre ancien patron, l'honorable maire de Tours.

« Le travail a, chez nous, des résultats plus importants

encore ; nos produits ne sont pas une marchandise ordinaire, et ces livres que nous répandons chaque jour par milliers sur toute la surface du globe ne sont pas seulement des échantillons remarquables qui témoignent du goût et de l'habileté du typographe, du relieur et du graveur : ils sont encore une semence féconde qui propage largement les saines doctrines de la religion et de la morale, et aide puissamment au vrai progrès de notre civilisation.

« Travailleurs, continuons donc avec ardeur notre tâche ! typographes et relieurs, désormais réunis, combinons nos efforts pour le succès de cette maison, notre mère commune ! Mon fils est maintenant l'un des vôtres. — Quand je songe à toutes les espérances qui reposent sur cette jeune tête, mon cœur se gonfle ! Mais, en vous voyant tous aujourd'hui groupés autour de lui, en distinguant parmi vous des chefs aussi expérimentés qu'habiles, des employés pleins de cœur et d'intelligence, des artistes au talent consommé et des ouvriers si capables et si dévoués, je me sens plein de confiance pour son avenir, et je me dis qu'avec un concours si puissant et si sympathique, il pourra soutenir dignement l'honneur de son nom !

« Je porte un toast à tous les ouvriers et employés de la maison Mame. »

M. FOURNIER, directeur de l'imprimerie, a porté le toast suivant : A Gutenberg, le premier typographe, et aux progrès de la typographie.

« MESSIEURS,

« Qu'il me soit permis de solliciter de vous un hommage en faveur du glorieux artisan dont l'image préside à cette réunion de famille. Je n'aborderai point ici l'éloge de cet homme illustre ; le moment fût-il mieux choisi, cette tâche exigerait encore une voix plus éloquente. Mais, au milieu de vous qui êtes ses enfants, je me sens enhardi à faire entendre quelques accents de reconnaissance filiale envers celui qui a créé notre profession et auquel nous devons ce que nous sommes.

« Quel modèle plus parfait du travail opiniâtre que l'homme qui, au prix de toutes ses veilles et à travers mille obstacles, sans autre guide que son génie, sans autre soutien que son invincible volonté, subissant toutes les phases successives de sa découverte, devenant tour à tour graveur, fondeur et imprimeur, a su résoudre dans tous ses détails le problème complexe de la typographie !

« Pour nous, Messieurs, qui ne pouvons prétendre à l'honneur de cette œuvre aussi ingénieusement conçue que victorieusement exécutée, s'il ne nous a pas été donné d'éclairer le monde d'une lumière nouvelle et de presser la marche des siècles, si nous n'avons eu qu'à recueillir le fruit de cette immortelle inspiration, veillons du moins à ce que le noble héritage que Gutenberg nous a légué ne périsse pas dans nos mains impuissantes, et fécondons ce sol où il a péniblement tracé le premier sillon.

« Notre cité, Messieurs, n'a pas été des dernières à accueillir l'invention que Strasbourg avait couvée et que Mayence avait vue éclore. Ai-je besoin de vous rappeler que Matthias Latteron, l'imprimeur du Missel Tourangeau, y avait installé des presses avant la fin du quinzième siècle ? Vous parlerai-je de cet autre enfant de la Touraine, de Christophe Plantin, qui, vers le milieu du seizième, fonda une des imprimeries les plus célèbres de l'Europe ? De nos jours, dans cette enceinte devenue si vaste, et avec notre concours puissamment stimulé par une impulsion énergique et intelligente, la ville de Tours a vu naître et se développer un établissement où l'impression, la reliure et le commerce des livres ont acquis une importance sans égale sur aucun point du globe.

« Cette prééminence, Messieurs et chers collaborateurs, nous impose de graves obligations si nous voulons la soutenir. Nous avons beaucoup fait ; mais il nous reste encore plus à faire. Sous la direction de notre digne et courageux patron, de grands travaux se préparent qui doivent jeter un plus vif éclat sur le renom de la maison Mame. Qu'aucun de nous, dans cette circonstance solennelle, ne manque à sa mission. Égalons, dépassons, s'il est possible, les exemples que nos maîtres nous ont donnés ; coopérer aux progrès de la typographie, c'est honorer dignement la mémoire de Gutenberg. »

Le toast suivant a été porté par M. GIRAUD, correcteur : A Son Éminence le Cardinal Archevêque de Tours.

« MESSIEURS,

« Son Éminence le Cardinal Archevêque de Tours, vous le savez, veut bien porter à la maison Mame un intérêt tout particulier, et jusqu'à ce jour son concours puissant et désintéressé ne lui a pas fait défaut. Il a daigné, de plus, prendre l'engagement de venir bénir ces nouveaux ateliers. C'est là une bonne fortune pour la maison, Messieurs, et cette promesse doit nous être bien précieuse ; car combien faible et insuffisante n'est pas la sagesse humaine et l'habileté de l'homme, si le Ciel ne lui vient en aide ! C'est en vain qu'il veille et s'agite, si Dieu ne veille avec lui et ne le conduit dans ses entreprises.

« A celui donc qui viendra bientôt appeler sur cette maison les bénédictions du Ciel, et qui chaque jour lui donne de nouveaux gages de sa sollicitude épiscopale et de son amour éclairé des bonnes lettres,

« A Son Éminence le Cardinal Archevêque de Tours ! »

M. Moreau-Chambille, compositeur :

« A Monsieur Ernest Mame !

« A l'honorable maire de la ville de Tours, qui a daigné ajouter aux charmes de cette fête en venant s'asseoir au sein de sa vieille famille industrielle !

« A l'ancien et très-distingué typographe qui pendant longtemps a si bien dirigé nos travaux, et dont les relations ont toujours été aussi franches qu'agréables !

« Comme associé autrefois à un établissement qui florissait déjà, mais qui, modèle aujourd'hui, fait la gloire et la prospérité d'une ville administrée par ses soins avec entente et zèle, que M. Ernest Mame veuille agréer cet hommage de bon, d'agréable et de durable souvenir !

« Honneur, Messieurs, à Monsieur Ernest Mame !

« Honneur à notre ancien patron !

« Vive Monsieur Ernest Mame !!! »

M. Ernest Mame a répondu :

« Messieurs,

« Je suis profondément ému et reconnaissant du bon souvenir dont vous me donnez des preuves dans cette occasion solennelle. Rien ne peut être plus précieux pour moi que la pensée d'avoir conservé vos sympathies. Je n'oublierai jamais que les meilleures années de ma vie se sont écoulées au milieu de vous, dans la pratique laborieuse de l'art que vous cultivez avec de si grands succès. Depuis que je suis séparé de vous, j'ai été investi de hautes fonctions que je n'avais pas ambitionnées; mais ce ne sera pas le moindre honneur pour moi d'avoir contribué aux premiers développements de ce magnifique établissement. Aussi ne puis-je être complétement étranger à vos travaux, et si je ne les partage plus d'une manière active, soyez bien convaincus que je suis toujours avec vous d'esprit et de cœur.

« Messieurs, je vous propose un toast qui ne peut être oublié dans cette réunion : A l'Empereur Napoléon III, qui a rendu la sécurité à l'industrie, et qui s'occupe si activement du bonheur des classes laborieuses. »

M. Chaussemiche, compositeur, a proposé le toast suivant :

« A Monsieur Henri Fournier !

« A notre habile et vigilant directeur !

« Au digne élève des Didot !

« Au savant typographe dont le talent et l'amour de l'art ne connaît point de limite, et sous la direction duquel nous ne pouvons que grandir !

« Grâces soient rendues au zèle et aux soins de ce bienveillant et digne chef, comme le plus sincère tribut de notre vive reconnaissance !

« Honneur, Messieurs, à Monsieur Fournier !

« Vive notre très-cher et précieux directeur !! »

M. Fournier a remercié en ces termes :

« Messieurs,

« Je craindrais d'abuser de vos moments si je répondais comme je le devrais aux sentiments pleins de bienveillance qui viennent d'être exprimés à mon égard. Je me bornerai à vous assurer de ma profonde reconnaissance et de mon dévouement sans réserve. »

M. Barfé, conducteur de presses mécaniques :

« A nos Gérants et Chefs d'atèliers !

« A leur direction toute paternelle à l'égard des ouvriers ! »

M. Maurat, s'adressant à M. Paul Mame, s'est exprimé ainsi :

« A Monsieur Paul Mame !
« Mêlé à nos travaux, il a su s'attirer les plus affectueuses sympathies, et c'est avec bonheur que nous reporterons sur lui l'attachement sincère et le dévouement sans bornes que nous nous plaisons à témoigner aujourd'hui à son père.
« Messieurs, buvons à Monsieur Paul Mame, à ses succès ! »

M. Paul Mame a répondu :

« Messieurs,

« Je vous remercie vivement des témoignages de sympathie que vous voulez bien me donner. Je tâcherai de les mériter : maintenant, en partageant avec ardeur vos travaux; et, plus tard, lorsque après avoir été simple ouvrier, j'aurai l'honneur d'être votre patron, en m'efforçant de vous rendre heureux et de continuer dignement l'œuvre que mon père, aidé de votre concours, a si heureusement commencée.
« A mes compagnons de travail, aux employés et aux ouvriers de la maison Mame ! »

M. de Chavannes, un des auteurs qui travaillent pour la maison Mame, a récité les vers suivants :

> En contemplant le noble usage
> Que tu sais faire de son art,
> Gutenberg changerait, je gage,
> Sa part de gloire pour ta part.
> A lui la plus belle couronne
> Qu'inventeur mérita jamais !
> A toi le bonheur que te donne
> Celui des heureux que tu fais !

M. LADEVÈZE, imprimeur et rédacteur en chef du *Journal d'Indre-et-Loire*, a porté le toast suivant :

« Au succès de l'entreprise de M. Mame !

« Ce succès, je le désire de toute mon âme, comme homme, comme industriel, comme citoyen.

« Comme homme... Fais-je en cela autre chose que répondre à une amitié qui m'honore autant qu'elle me touche ; à une amitié qui ne m'a jamais fait défaut, et qui, en ce moment encore, se montre en m'appelant, par une exception dont je suis fier, à m'asseoir à ce banquet de famille ?

« Comme industriel, comment resterais-je indifférent à un fait qui nous touche tous de si près? On ne s'est pas fait faute de prétendre que l'industrie était condamnée, pour prospérer, à être une oppressive exploitation. Nous aurons un démenti de plus à opposer à de pareilles accusations. Le nom du chef de ce vaste et bel établissement sera là pour protester hautement, victorieusement contre cette calomnie ; ou plutôt c'est vous qui protesterez, vous qui connaissez tout ce qu'il y a de noblesse dans ses sentiments, d'ardeur dans son dévouement pour votre bien-être.

« Citoyen, si je pouvais ne pas applaudir à l'issue heureuse de la grande œuvre que nous inaugurons aujourd'hui, et qui intéresse si vivement la prospérité de notre cité, que dis-je? l'avenir de nos populations et de notre pays, comment ne pas être frappé de la haute moralité destinée à ressortir du succès de M. Mame? Ne sera-ce pas, en effet, la plus éclatante démonstration de cette vérité si bonne à rappeler : que la générosité des sentiments n'a jamais nui à la hardiesse des conceptions, et que l'on peut, même en affaires, être une grande intelligence et un grand cœur ? »

Une pareille soirée ne pouvait se terminer sans que les pauvres y eussent leur part. M. HARSFELDT, conducteur de presses mécaniques, s'est rendu l'interprète de tous en faisant la proposition suivante :

« Je propose de porter un toast aux commissaires de ce banquet, pour les remercier de la manière dont ils se sont acquittés de leurs fonctions, et les prier en même temps de faire une collecte au profit des indigents de la ville de Tours, afin que la classe souffrante sache que chaque fois que les enfants de Gutenberg se réunissent, elle n'est jamais oubliée. »

Répondant à l'appel qui leur était fait, MM. les commissaires se sont empressés de faire une quête, dont le produit s'est élevé à 358 fr., quoique beaucoup de convives ne sussent pas qu'une collecte dût être faite pour les indigents.

Ainsi s'est passée cette belle fête, dont nous gardons et dont tous les convives garderont, comme nous, un profond souvenir. Si elle fait honneur à M. Mame, qui en a eu la pensée, elle fait honneur à ceux qui l'ont provoquée par une initiative dont ils ont le droit d'être fiers, et à M. Chauveau, qui en a ordonné les détails avec une entente admirable, un goût parfait.

www.ingramcontent.com/pod-product-compliance
Lightning Source LLC
Chambersburg PA
CBHW060626050426
42451CB00012B/2448